Escala

A imagem a seguir mostra trecho da ilha de Fernando de Noronha, em Pernambuco. Observe os lugares identificados na imagem.

0   170   340
         m
   1 : 17 000

1 Na malha quadriculada sobre a imagem, cada ☐ tem 2 centímetros de largura e de altura. Essa medida corresponde a quantos metros de distância no terreno?

....

2 Com o auxílio da quadrícula, descubra as distâncias entre diversos lugares da ilha e preencha a tabela a seguir.

Lugares	Distância no mapa	Distância real
Museu do Tubarão até aeroporto	.... cm	.... m
Campo de futebol até morro do Pico	.... cm	.... m
Vila dos Remédios até aeroporto	.... cm	.... m
Morro do Pico até Museu do Tubarão	.... cm	.... m
Praia da Conceição até campo de futebol	.... cm	.... m

a) Como você calculou as distâncias reais?

....

....

b) A escala foi registrada em sua forma gráfica e numérica. Qual delas foi mais útil nesta atividade? Por quê?

....

....

3 Qual dos elementos indicados a seguir pode ser representado na mesma escala da imagem?

◯ Guarda-sol de praia: 2,6 metros de diâmetro.

◯ Caiaque: 3,3 metros de comprimento.

◯ Navio: 400 metros de comprimento.

◯ Asa-delta: 10 metros de comprimento.

○ Como poderíamos representar os demais elementos sobre a imagem?

As imagens de satélite a seguir mostram a catedral de Brasília – por meio delas, podemos observar elementos da superfície da Terra em diferentes distâncias.

Fotos: 2015 Google Earth/DigitalGlobe

1) Você conseguiu identificar a catedral de Brasília em todas as imagens? Que parte da construção é mostrada na imagem? Por que isso ocorre?

2) Compare as imagens e responda:

a) Qual imagem mostra a catedral com a menor redução de seu tamanho?

....

b) Em qual imagem a catedral aparece mais reduzida? Como ela é mostrada?

....

....

c) À medida que nos afastamos da catedral, o que ocorre com os detalhes?

d) Se você precisasse de orientação para chegar à catedral, qual imagem utilizaria? Por quê?

Observe o mapa e depois realize as atividades da página seguinte.

1 Você consegue identificar o significado dos símbolos utilizados no mapa? Complete a legenda.

2 A atividade a seguir vai ajudá-lo a calcular distâncias nesse mapa!

Material necessário

- barbante
- tesoura
- cola

Como fazer

a) Meça no mapa a extensão do rio, da linha de trem (entre as estações) e da estrada. Em vez de utilizar uma régua, coloque o barbante sobre o mapa cobrindo os elementos – dessa forma, as curvas são consideradas.

b) Corte o barbante com o tamanho correspondente às medidas feitas.

c) Cole os barbantes nos espaços a seguir – eles devem ficar bem esticados.

Rio

Linha de trem (entre as estações)

Estrada

d) Cada quadrado tem 1 centímetro de lado. No mapa, 1 centímetro desenhado corresponde a quantos quilômetros na realidade? Calcule, assim, as medidas dos barbantes.

Orientação

Observar as coordenadas geográficas no globo terrestre ajuda a compreender esse sistema de localização. Observe a ilustração a seguir.

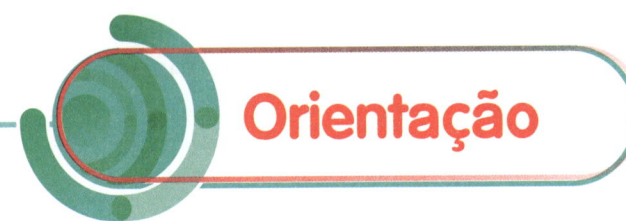

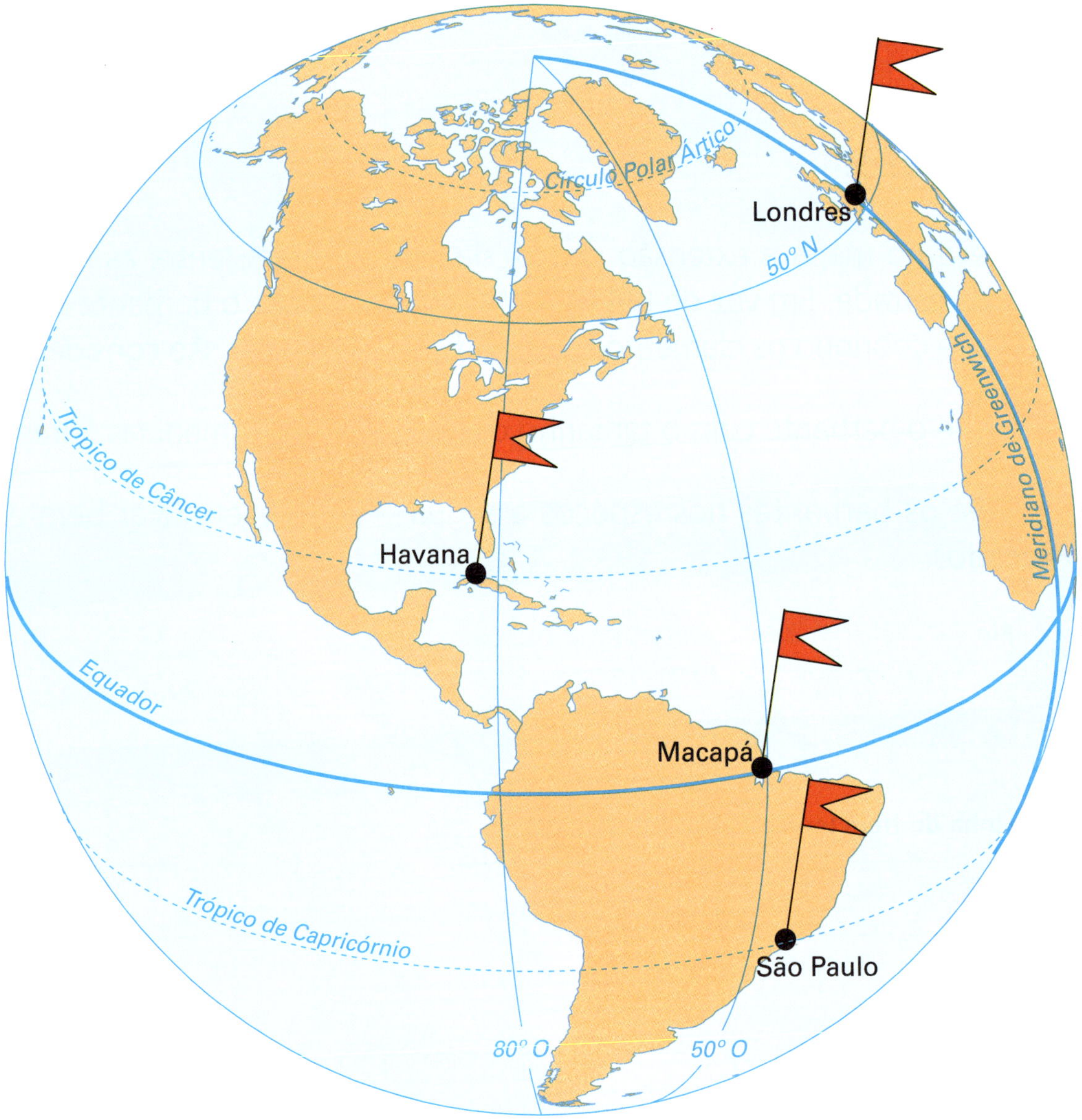

Allmaps/Arquivo da editora

1 Utilize a ilustração para responder às questões a seguir.

a) Um avião precisa fazer uma entrega em Havana. Para qual hemisfério ele deve se dirigir?

○ oriental

○ norte

○ sul

b) De Havana, o piloto precisa se dirigir a Macapá. Que direção ele deve tomar?

○ oeste

○ sul

○ norte

c) Se o piloto estivesse em São Paulo e precisasse fazer uma entrega em Londres, que outras linhas imaginárias ele **não** atravessaria?

○ trópico de Capricórnio

○ linha do equador

○ círculo polar Ártico

2 Complete o quadro a seguir com o nome das cidades nas posições indicadas.

Latitude	Longitude	Cidade
trópico de Capricórnio	50° O	
50° N	meridiano de Greenwich	
trópico de Câncer	80° O	
linha do equador	50° O	

Observe as ilustrações a seguir e faça o que se pede.

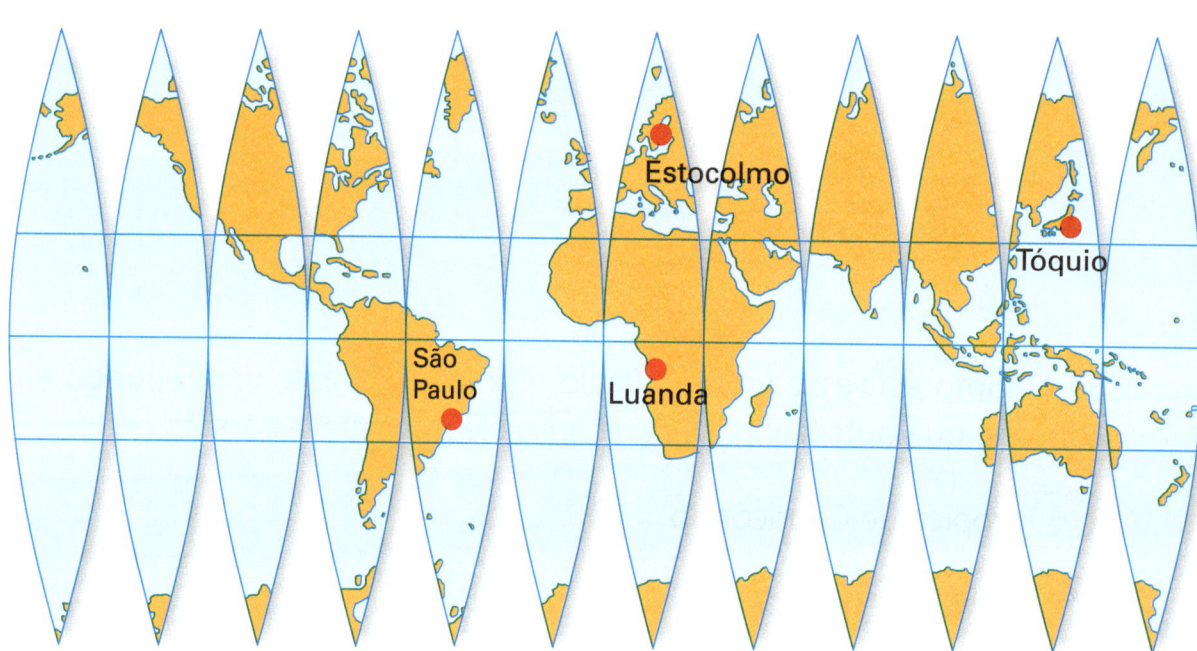

1 Localize as cidades de São Paulo e Tóquio nas figuras. Responda:

a) É possível mostrar as duas cidades no globo? Por que isso ocorre?

....

....

....

b) No planisfério aparecem as duas cidades? Que diferença entre o planisfério e o globo terrestre explica isso?

....

....

2 Observe as imagens a seguir, que mostram paisagens de Luanda e Estocolmo no mês de agosto. Nesse mês é verão no hemisfério norte e inverno, no sul.

Stephane de Sakutin/AFP

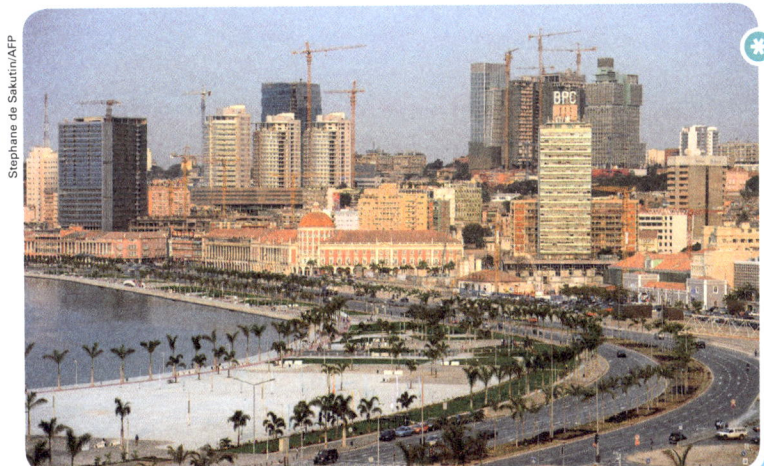

Luanda (Angola), agosto de 2012.

Popova Valeriya/Shutterstock/Glow Images

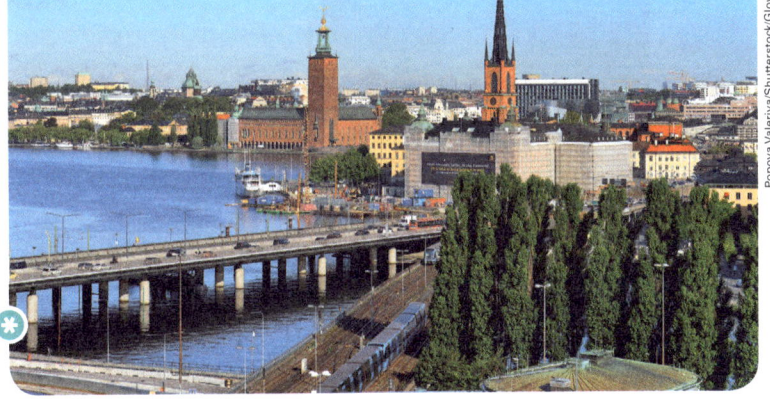

Estocolmo (Suécia), agosto de 2014.

Localize as duas cidades na ilustração e responda:

a) Em que hemisfério se localiza Estocolmo? A paisagem da cidade corresponde à estação do ano vigente no hemisfério?

....

....

b) E a paisagem da cidade de Angola, corresponde ao que se espera da estação do ano vigente nesse período no hemisfério sul? Que condição do tempo você espera para esse período?

....

....

c) Você sabe explicar por que isso ocorre? Compartilhe seus conhecimentos com seus colegas.

Representação

Vamos conhecer uma técnica para elaborar um mapa de densidade demográfica. Observe a seguir.

Cada ponto representa uma construção nessa área.

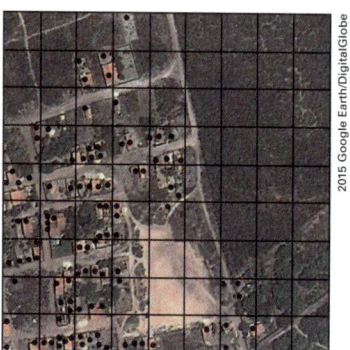

Imagem de satélite de Parnaíba (PI).

As quadrículas têm concentrações diversas de construções.

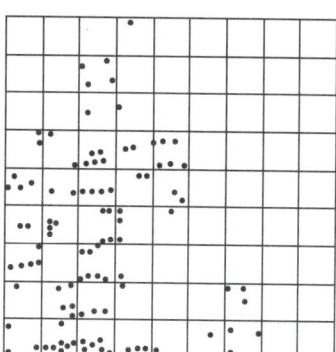

Indicando a quantidade de construções, fica mais fácil classificar os dados.

0	0	0	1	0	0	0	0	0
0	0	4	0	0	0	0	0	0
0	0	1	1	0	0	0	0	0
2	2	5	2	6	0	0	0	0
4	2	4	2	2	0	0	0	0
2	4	4	3	1	0	0	0	0
5	0	7	1	0	0	0	0	0
1	5	3	1	0	0	3	0	0
3	7	6	3	1	1	3	0	0

Os dados foram classificados em três intervalos.

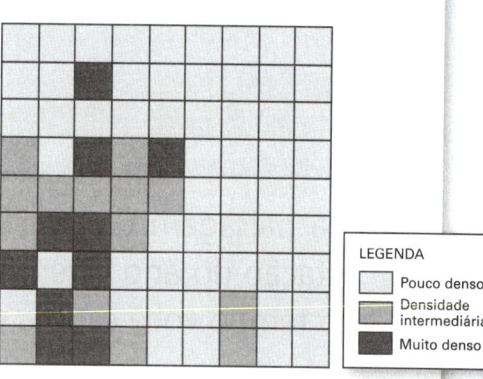

Atividade adaptada de: <https://cartografiaescolar.wordpress.com/fazendo-um-mapa-de-densidade-demografica>. Acesso em: 1º fev. 2015.

1 Compare as ilustrações 2 e 4. Responda:

a) As construções estão distribuídas por todo o espaço nessas quadrículas?

....

....

b) Quais as diferenças principais entre as duas ilustrações?

....

....

....

2 Desenhe nos espaços a seguir como você indicaria cada um dos intervalos de dados da ilustração número 4.

Muito denso	Densidade intermediária	Pouco denso

Observe o mapa abaixo, que mostra a divisão política do Brasil. Em seguida, faça o que se pede na página ao lado.

Brasil: divisão política

Atlas geográfico escolar. 5. ed. Rio de Janeiro: IBGE, 2009. p. 90.

1) Complete o mapa da página anterior identificando:

   a) os estados;

   b) as capitais;

   c) os países vizinhos;

   d) os oceanos.

2) Utilize cinco cores diferentes para delimitar cada uma das regiões do IBGE. Elabore uma legenda no espaço abaixo.

3) Sobre o estado onde você vive, faça o que se pede.

   a) Utilize uma cor de destaque para colorir a área desse estado.

   b) Preencha o quadro a seguir com os estados e/ou países vizinhos de acordo com as quatro direções.

Vizinhos a...	
leste	
oeste	
norte	
sul	

Sugestões de vídeos

24 Hours of World Air Traffic (24 horas de tráfego aéreo mundial)
<https://youtu.be/LrxalYXXBfI>

Essa animação mostra, sobre um planisfério, todos os voos realizados no mundo ao longo de um dia. Será que esse tipo de informação poderia ser representado na forma de um globo terrestre? Em inglês.

Closed Zone (Zona fechada)
<htttps://youtu.be/Hzqw7oBZT8k>

E se os limites do mapa formassem uma prisão? Essa animação mostra, com bom humor, as dificuldades vividas pela população da Faixa de Gaza, no Oriente Médio, que vive confinada em uma pequena extensão de terra. Em inglês.

Powers of Ten (Potências de dez)
<https://youtu.be/0fKBhvDjuy0>

Tudo começa com um piquenique no parque; utilizando o sistema métrico, vamos nos afastando da superfície da Terra e chegamos ao Universo. A escala, tão utilizada na elaboração de mapas, é um conteúdo matemático presente em diversos estudos, como a Astronomia. Em inglês.

São Paulo Miniatura
<https://vimeo.com/84058547>

Diversos lugares da cidade de São Paulo são mostrados nesse vídeo como se fossem miniaturas – o espectador fica em dúvida se algumas imagens são mesmo reais!

Reduzir as dimensões de uma metrópole tão grande como São Paulo é um passo importante para aprender a fazer mapas. Nesse vídeo você poderá imaginar quanto reduzimos o tamanho dos elementos para que sejam representados nos mapas.